AF583280

हमारी जीवनयात्रा

जयप्रकाश अग्रवाल

INDIA · SINGAPORE · MALAYSIA

Contents

समर्पण

यह कविता संग्रह मेरी हमसफ़र,
मेरी पत्नी सुधा
को समर्पित है
जिनके सहयोग के बिना
यह सम्भव नहीं हो पाता।

साथ ही मैं इसे
अपने प्रबुद्ध पाठकों
को भी समर्पित करता हूँ।
मुझे यकीन है कि वे हमारी इस अनवरत
यात्रा में अवश्य सम्मिलित होंगे।

आभार

कहीं न कहीं जीवन के अच्छे और कठिन क्षण हमें प्रभावित करते हैं जिन्हें हम कविता के माध्यम से व्यक्त करते हैं। मैं ईश्वर को उन पलों के लिए धन्यवाद देना चाहता हूँ जिन्होंने मुझे कविता लिखने को प्रेरित किया।

मैं अपने प्रकाशक नोशन प्रेस का धन्यवाद करना चाहता हूँ जिन्होंने इस कविता संग्रह को पुस्तक का स्वरूप दिया और इसे जन जन तक पहुँचाया।

इस पुस्तक के संपादन के काम को कुशलतापूर्वक करने के लिए मैं श्रीमती ऋतु भटनागर का धन्यवाद करता हूँ।

- जयप्रकाश अग्रवाल

जन्म

1. माँ के गर्भ में

नौ महीने मैं रहा माँ के गर्भ में...
सुरक्षित और संसार से बेख़बर।
अंधेरों ने मुझे पाला पोसा
और किया बड़ा।

एक गहरी अँधेरी गुफा में
मैं विचरता रहा,
अपने पिछले जन्मों के पाप
गिनता रहा,
माँ के गर्भ को
अपना घर समझता रहा!

चौन्धियाती रौशनी के बीच
खुली जब मेरी आँखें,
अंधेरों की आदी मेरी आँखें
रौशनी में गयी मुँद।

गर्भ की अँधेरी गुफा से अलग
इस जहान में रौशनी ही रौशनी थी...

लगा ईश्वर ने दे दी है मुझे क्षमा
और मुक्ति, नौ महीने के बाद।

मेरी ओर बढ़े कई हाथ
और निकल गयी मेरी चीख़...
डर का हुआ सामना पहली बार
जब सामने आए चेहरे कई
जो थे माँ से अलग!

खुले आकाश में,
धरती की गोद में
मैंने भरी लम्बी साँस,
और तब हुआ एहसास कि
मैंने पाया है एक नया संसार।

2. बचपन

एक सुखद एहसास है बचपन...
माँ की गोद और खिलौनों के संग का,
आज़ादी से रोने और हँसने का,
उपवन में तितलियों के संग उड़ते रहने का!

माँ की कड़वी गाली में भी होती है मिठास,
चोट पहुँचाते हैं जो हाथ,
लगाते हैं मरहम भी वही साथ!

जी मचलता है गुलाब पाने को,
पर चुभ जाते हैं काँटे,
कोई और मेरे लिए गुलाब लाता है
और काँटों का दर्द भी मिटा जाता है!
बचपन हैं बेफ़िक्री के दिन...
कंचों का खेल,
और दोस्तों संग
वो रंग-बिरंगी पतंगों को
आकाश में उड़ाना,
और कट जाने पर लूटने भागना...

याद आता है झूलों पर झूलना
और बगीचे से कैरियों का लूटना!

एक बढ़ते पेड़ की जड़ है बचपन
जिसमें पड़ती है संस्कारों की खाद।
इस खाद को पा
तना बन जाता है पेड़ मज़बूत,
जो हरे भरे पत्तों से सज जाता है,
और आखिरकार लद जाता है
स्वाद से भरपूर रसीले
मीठे फलों से!

यौवन

3. यौवन

बजी कहीं कृष्ण की मुरलिया
कुंज में हुआ रास राधा संग।
उठती सागर में जैसे उन्मत तरंग
हुआ मन उद्वेलित प्रेयसी के संग।

बजी युद्ध की रणभेरी
जब फूँका कृष्ण ने शंख।
फूली साँसें, थके क़दम, सहमे से हम
नित्य युद्ध में लड़ते आक्रांत मन।
प्रेयसी के होठों का कर रसपान
लौट आते जैसे लुप्त प्राण।

खुलीं बंद हथेलियाँ
समेटने को आतुर धरोहरें संसार की।
स्वप्न जो देखे बंद आँखों से
जो खुलीं आँखें, तो हुए साकार।

उड़े पतंग से छूने को आकाश
धरती से दूर, बादलों के पास।

आकाश में उड़ने की अभिलाषा लिए
आकांक्षाओं को लगे नये पंख।

मन उपवन में खिल उठीं चाहत की कलियाँ।
रस पीने को आतुर चंचल मन की गलियाँ...

फूलों पर मंडराते पागल भ्रमर जैसा मन...
स्वागत करता...
यौवन का बसंत!

4. जीवन - एक उत्सव

शाखों पर नव कोपल फूटे
गूँजे वीणा के मधुर स्वर
झंकृत हुए तार हृदय के
हुए भ्रमरों के गीत मुखर!

रंगों के उत्सव सजे
चली फागुनी बयार
मचले मन युवाओं के
कर हृदय में प्रेम संचार!

गूँज उठी मुरली कृष्ण की
विवश हुए सबके तन मन
व्यथित हृदय तृप्त हुआ
पाकर आनंद के हर पल!

जीवन उत्सव प्रेम का
घृणा का न कोई स्थान
फूलों की छाँव हो अगर
काँटों से न होना परेशान!

5. बसन्त

मौसम ने ली करवट...
शीत हुई रुख़सत
पतझड़ को विदा कर
बसन्त ने दी दस्तक!

पीली पीली सरसों फूली
झूम रही डाली डाली
कोयल कूकी मस्ती में
चली पवन मतवाली!

भ्रम के अंधेरे दूर कर
हुए सत्य के शब्द मुखर
मौन को भेद कर
संगीत के गूँजे स्वर!

बजी मुरली कृष्ण की
संग रास करे राधा प्यारी
छूटे नही रंग श्याम के
बीते चाहे उमरिया सारी!

6. रंग

जीवन के रंग बसंत के संग
पीले फूल और पीली पतंग
जीवन के रंग बसंत के संग...

पक रहीं फलियाँ, खिल रहीं कलियाँ
झूम रही सरसों हवाओं के संग
जीवन के रंग बसंत के संग...

सजी सजनी प्रीतम के लिए
साँसों में नशां मिलन के लिए
पीले परिधान मन में उमंग
जीवन के रंग बसंत के संग...

वन उपवन भंवरों का गुंजन
रस प्लवित फूलों का यौवन
यौवन की मदिरा, भंग का रंग
जीवन के रंग बसंत के संग...

बुढ़ापा

7. बुढ़ापा

यौवन के चार दिन,
बीत जाते हैं बसंत की तरह, और
आ जाता है बुढ़ापा
पतझड़ बन कर...

समय निगल जाता है
यौवन के सुहाने सपने, और
छोड़ जाता है
हक़ीक़त के चुभन भरे काँटे...

खुली आँखों से देखता हूँ
पेड़ की शाखों पर बैठे पक्षी युगल,
जिनके पंखों में रही नहीं जान अब
जो छू सकें ऊपर फैला आसमान अब...

याद आते हैं बचपन और यौवन के
बेफ़िक्री वाले दिन...
चिड़ियों कि तरह उड़ना आकाश में
और मंडराना कलियों पर भ्रमर बन...

आघात हृदय पर करते हैं
अपनों के शब्द बाण
कभी थामा हमने जिनका हाथ
छोड़ गए सब मेरा साथ...

समय रेत बनकर
फिसल गया मुट्ठी से
और ओस की बूँद
बन उड़ गए रिश्ते नाते...

मुट्ठी में कभी शून्य के सिवा
कुछ था ही नहीं!
आसमान के भ्रम में
जीता रहा मैं हरदम...

सफ़र कर रहा था मैं
हिचकोले लेती एक रेल में, और
इंतज़ार कर रहा था बस
अपने अंतिम पड़ाव का मैं....

8. बरगद का पेड़

मेरे घर के आँगन में
एक बरगद का पेड़ है
जो मेरे साथ ही बड़ा हुआ है
तपती दुपहरी में इसकी छाँव में
मुझे मिलता रहा सुकून है।
यह कुछ बोलता नहीं है
पर साथी है मेरे अकेलेपन का...

हवा की सरसराहट में
जब इसके पत्ते हिलते हैं,
तब ऐसा लगता है
कि मेरे कान में
किसी ने कुछ कहा है...
मेरे थके शरीर को
मंद हवा ने सहलाया है...

खो गयी माँ की गोद जो, तो
बरगद की गोद मिली है मुझे...
रूठ जाये जब नींद आँखों से
मना लाता है बरगद उसे...!

परलोक

9. मृत्यु

मृत्यु है छाया हमारी,
चलती है साथ साथ...
दिखती है कभी, तो कभी छुप जाती है।

आँख-मिचौली का खेल है जीवन
चंद साँसें हैं उधार...
जिन्हें सभी को लौटाना पड़ता है।

धड़कनें साथ देती नहीं सदा
छोड़ जाती हैं अपनों की तरह।

जन्म लेते हैं हम अन्धेरों में..
और गुम हो जाते हैं
अन्धेरों ही में।
उजाला है बस थोड़ी देर का
और अँधेरा...चिर साथी है।

मृत्यु नहीं जीवन का अंत।
जन्म से मृत्यु तक,
यह यात्रा है अनंत....

10. मृत्यु के उस पार

मुझे पता ही नहीं चला
कब मेरी साँसें हुईं बंद?
कब नहीं रहा मैं शरीर
और बन गया प्रकाश पुंज...
ब्रम्हांड का एक अभिन्न अंग।

सत्य की मूरत से
हटा झूठ का आवरण,
भाप बनकर उड़ गया,
लगाव अपनों संग।

शब्द वाणों ने जिनके
छलनी किया था जीवन भर...
तारीफ़ में मेरी
उन लोगों ने कहे शब्द चंद।

सूख गए आँखों में आँसू
खुला एक नया संसार,
ले चला जो मुझे अब...
मृत्यु के उस पार।

न ग़म का घेरा है,
न ख़ुशी का है इज़हार।
न हसीन सपनों की चाहत है,
न है किसी का इंतज़ार।
न कोई मज़हब की तक़रार है
न है कोई लाचार।
न अपने हैं,
न पराये हैं,
सब एक साए नज़र आये हैं।
सुकून की है ज़िंदगी,
मृत्यु के उस पार....

स्मरण

11. जीवन यात्रा

उदित हुआ सूर्य पूरब में
लेकर नूतन भोर,
जगा उमंग हृदय में
चल दिया पश्चिम की ओर।

जागे सब जन नींद से
बीत गयी है रात,
द्वार खड़ा है दिन नया
भूलें कल की बात।

कर जोड़ ईश को
नतमस्क हो गात,
लेकर नूतन शपथ
पग बढ़ें निज पथ साथ।

बढ़ चलें शनैः शनैः
अपने गंतव्य की ओर,
पग थके नहीं
न छूटे आस की डोर।

बन रवि नभ में
करें जग में ज्योति प्रखर,
मिटे तम मन से
वाणी जग में हो मुखर।

न रुके समय
निर्बाध गति से बढ़ता जाए,
हो ज्योति क्षीण
सूर्य पश्चिम में अस्त होता जाए।

थके सूर्य को चाहिए
रात्रि भर विश्राम,
प्रातः उठकर जग का
करना है कल्याण।

अनन्त है जीवन
न होता इसका अन्त,
जन्म मरण है अनवरत
कहते हैं सब सन्त।

12. ज़िंदगी का फ़लसफ़ा

जीने का सलीका,
रटने की नहीं
समझने की चीज़ है...

ऊँचाइयों पर पहुँचकर
गिरने का डर रहता है...
इसलिए ऊँचाई पर पहुँचिये ज़रूर
पर ज़मीन का तनिक ध्यान रखिये।

दौलत और शोहरत कमाने के बाद
खाने के लिए सिर्फ़ दवाई मिलती है...
बेहतर है हल्का रहना, भार लेकर ऊपर चढ़ना, मुश्किल होता है।

आँखों से बहते नमकीन आँसू...
ज़ायक़ा बदलने के लिए ज़रूरी होते हैं।
आँसुओं की बरसात से ही
मन की ऊसर भूमि उपजाऊ होती है।

गुलाब आसानी से न मिल सके
इसलिए काँटे साथ होते हैं...
हाँ, आप दूर से खुशबू का आनन्द लीजिए, वरना काँटे चुभ सकते हैं।

क्या आप थोड़ी दूर तक मेरे साथ चलेंगे..?
साथ चलने का मज़ा कुछ और है!
मिलना और बिछडना...
एक ही सिक्के के दो पहलू हैं।

पत्तों के झड़ जाने के बाद
नए पत्ते आ जाते हैं...
शर्त ये है
कि जड़ मज़बूत हो।

हर रास्ता कहीं न कहीं जाकर
ख़त्म हो जाता है...
अंत तक पहुँचने के बाद
फिर नए रास्ते की तलाश होती है।

जीवन में कड़वाहट घुल जाए तो
मधुर वाणी की चाशनी लीजिए...
अचूक दवा है।

हर हार में जीत छुपी है
बशर्ते आप उससे कुछ सबक लें!

ज़िंदगी एक इम्तिहान है...
पास होने के लिए
जीने का तरीका आना चाहिए।

आदमी ठोकर खाकर ही
चलना सीखता है...
जो नहीं सीखता,
वह निरन्तर गिरता ही रहता है।

आप दूसरों का चेहरा
नहीं पढ़ सकते...
पर अपना मन,
उसे तो साफ़ रख सकते हैं।

अरमानों की बेल
जितनी चढ़ती जाती है...
उतना ही मन से
लिपटती जाती है।

दूसरों को मत देखिए
अपने आप को देखिए...
फलों से लदी पेड़ की डाली
झुकी रहती है।

दूसरों को सुधारने के बजाय
अपने को सुधारना अच्छा है।

पहले खुद को पहचानिए,
आप एक हीरा हैं,
उसे तराशिए...

नदी बन बहते रहें
पोखर बन रुकें नहीं...
चलते रहने का नाम ज़िंदगी है,
और रुकना, मौत की निशानी।

13. रिश्ते

जेब खाली है तो क्या हुआ
दिल भरा है प्यार से,
अकेले नहीं हैं हम यहाँ
रिश्ता है मेरे यार से।

रिश्ते कागज़ के फूल हैं
कमरे में सजाने के लिए,
नहीं कमल से पवित्र हैं
देवता पर चढ़ाने के लिए।

फूलों से गुथी माला बिखर गयी
रिश्तों की डोर टूट गयी,
नौका बह चली मझधार में
प्रेम की पतवार छूट गयी।

हमने रिश्तों का बहुत ख़याल रखा
पर रिश्ते हमारा ख़याल न रख सके,
अब रिश्ते हैं भी और नहीं भी,

बस ख़याल हैं, जो आते जाते हैं।

रिश्तों की बुनियाद न हो 'गर मज़बूत,
रेत के महलों की तरह ये ढह जाते हैं।
ये रिश्ता नहीं एक दरिया है गहरा,
जो डूब गए सो पार उतर जाते हैं।

रिश्तों के मायने तब समझ आते हैं,
जब रिश्ते बेमायने हो जाते हैं।
काश हम रिश्तों को पहले समझ पाते,
जो टूटने के बाद समझ पाते हैं।

रिश्ते कच्चे धागे में गुथे फूल हैं,
जो धागे के टूटते ही बिखर जाते हैं।
कहते हैं रिश्ते ईश्वर बनाता है,
पर हम इंसान उसे तोड़ जाते हैं।
रिश्ते से ही तो ज़िंदगी हैं,
पर यह हम कहाँ समझ पाते हैं।

14. घर

तिनका तिनका चुनकर बने घर,
अब मकान हो गए हैं...
रहते हैं सब साथ मगर
एक दूसरे से अनजान हो गए हैं।

कल जो गुलदस्ते के फूल रहे
सूखकर आज बेजान हो गए हैं...
कभी हम घर की शान रहे
अब बेकार का सामान हो गए हैं।

कभी उँगलियाँ थामकर चलने वाले
अब जवान हो गए हैं...
ज़माने की रफ़्तार से चले वे
तो हम क्यों हैरान हो गए हैं?

15. दस्तूर

बच्चा जब दुनिया में आता है
ज़ोर ज़ोर से रोता है
क्योंकि उसे उजाले से डर लगता है।
और, दुनिया जश्न मना रही होती है
क्योंकि ज़माने का यही दस्तूर है...

आदमी जब दुनिया से रुख़सत होता है
तब दुनिया आँसू बहाती है
क्योंकि ज़माने का यही दस्तूर है...

जन्म से लेकर मौत तक
दुनिया अपने दस्तूर पर ही तो चल रही होती है...।

16. गुमान

तू कौन है और आया कहाँ से
किस बात का है गुमान?
याद कर ले रब को
ख़ुदा का है यही फ़रमान।

गुज़र रहा है लम्हा लम्हा
बढ़ रहा है तेरा अरमान...
चार दिन की है ज़िंदगी
बुलबुला पानी का है जहान!

17. आस

तुम हो तो मुझसे दूर
पर ख़याल यह पास है
कि पत्तों की सरसराहट में
तुम्हारे छूने का एहसास है!

रूठे हो आज तो क्या
मान जाओगे, आस है।

इंतज़ार करेंगे हम उम्रभर
जब तक साँस में साँस है।
दरवाज़े पर हुई है दस्तक
शायद आया कोई ख़ास है...!

18. फ़क़ीर

कहने को तो हम फ़क़ीर हैं
पर दिल के बहुत अमीर हैं।
दुनिया में पाने को है क्या?
रेत पर लिखीं तहरीर है।

दौलत जहां की ख़ाक है
जब पास मेरे ज़मीर है।
ख़ुदा के वास्ते गुमान न कर
ख़ाके सिपुर्द यह शरीर है।

19. रास्ते और मंज़िल

मंज़िलों को छोड़िए,
सही रास्तों को चुन लीजिए...
मंज़िलें अपने आप मिल जाएँगी।

मंज़िल तक हम पहुँच न सके
और रास्ते को बदनाम किया...
सच तो यह है
हमें रास्तों पर चलना नहीं आया।

रास्ते तो वही हैं,
राही और मंज़िलें
बदल जाती हैं।

कुछ दोस्ती कर लेते हैं
कंकड़ों से पत्थरों से...
और मंज़िलों पर पहुँच जाते हैं।

कुछ दुश्मनी कर बैठते हैं
कंकड़ों से पत्थरों से...
और मंज़िलों से भटक जाते हैं।

यह ताक़त है
प्यार की...
दुश्मन भी दोस्त बन जाते हैं!

20. आदतें

हम अपनी आदतों में जीते रहे
और आदतों के हाथों मरते रहे।

हमने कभी अपने अन्दर झाँका नहीं
बस बाहर अपनी मनमानी करते रहे।

कभी महसूस नहीं किया औरों का दर्द
पर ख़ुद को ख़ुदा समझ ख़ुश होते रहे।

ज़हन में कभी यह ख़याल तक न आया
कि हम इंसान से जानवर बनते रहे।

हम ज़िम्मेदार हैं अपनी आदतों के लिए
और आदतों के रास्ते चलते गिरते रहे।

आखिर सहारा दिया हमारे अपनों ही ने
जिन्हें रुलाकर हम हमेशा ख़ुश होते रहे।

21. बच्चे

बच्चे मिट्टी की मूरत हैं
गढ़ा है ईश्वर ने उन्हें।
अमावस की अंधेरी रात के
आकाश में, चमचमाते तारे हैं।

पेड़ पर लगे अधखिले फूल हैं
शोभा हैं उपवन की।
अठखेलियाँ करते हवा से
कल से वे अनजान हैं।

कहीं से जो आ जाता है
कभी, हवा का तेज़ झोंका।
कच्ची मिट्टी पर टिके पेड़ को
जड़ से हिला जाता है।

टूट जाती हैं
कुछ कमज़ोर जो शाखें उसकी।
अधखिले फूलों को झाड़कर
मिटटी में मिला जाता है...

अधखिले फूल खिलने से पहले
झड़कर मुरझा जाते हैं।
जड़ें हो कमज़ोर तो
जहाँ से आये थे, वहीं को चले जाते हैं।

22. काश मैं पखेरू होता

काश मैं पखेरू होता,
सपनों के पंख लगाए
नभ में उड़ान भरता।
चारों दिशाएँ होतीं मेरा घर,
हरियाली के आँचल में
पेड़ों के झुरमुठ में
होता एक छोटा सा घोंसला,
धरती और आकाश के बीच
हवा के हिंडोले पर झूला झूलता।

कभी मंदिर की प्राचीर पर,
कभी मस्जिद के गुम्बद पर,
बैठ ऊपर की ओर देखता रहता
और ईश्वर का धन्यवाद करता
कि उसने हमें पखेरू बनाया,
इंसान नहीं!

23. जीवन का सत्य

सुबह की ताज़ी हवा सा बचपन
दोपहर की गर्म हवा सा यौवन।
अधेड़ उम्र की ढलती शाम
फिर चिर निद्रा का विराम!

रौशनी की चकाचौंध में,
भीतर कुछ खो गया।
बाहर जो कुछ मिला,
अन्दर सब सो गया।

चेहरों की भीड़ में,
हम चेहरे तलाशते रहे।
पत्थरों के ढेर में,
देवता तराशते रहे।

हर कोई क़ैद है,
अपने ही जेलखाने में।
ख़ुद ही पर कतर डाले हैं,
अपने ही आशियाने में।

क़द्र वक़्त की न की,
गुज़र गया आने जाने में।
मौत आ गयी दरवाज़े पर,
अब क्या रखा पछताने में?

24. सुबह का आगाज़

सूरज की लालिमा
पंछियों की आवाज़
कोयल की कूक
मोर की हूक
फूलों की महक
समीर की आहट
पत्तों की सरसराहट
ओस की चमक
घास का स्पर्श
बूंदों की टप टप
चाय पर गप शप
अख़बार की सुर्खियाँ
प्रकृति का हाथ...
वीकएंड के साथ!

25. यादें

यादें समय की वो परछाइयाँ हैं
जो पीछे छूट जाती हैं।

चलते हैं हम समय के साथ
यादें सपने बन लौट आती हैं।

जुदा हो जाते अपने ही साए हैं
कल तक जो रहे अपने, आज पराए हैं।

क़दम जो चले साथ कुछ दूर तक
नाकामी के निशां छोड जाते हैं।

बादल बन यादें बरस जाती हैं
काँटे बन ज़हन में चुभ जाती हैं।

बयां कर जवानी की नादानियाँ
ख़ुद को पशेमान कर जाती हैं।

भूल चुके हम वो बेवफ़ाई की दास्ताँ हैं
चमन को जो वीरान बना जाती है।

रहम कर याद, ज़हन में न आ
ज़िंदगी को न दे अपनी बद्दुआ।

यादें समय की वो परछाईयाँ हैं
जो पीछे छूट जाती हैं!

26. पिंजड़े के तोते

पिंजड़ों में क़ैद हम...
हम बोलने वाले तोते हैं,
बोलते हैं वो रटे रटाए शब्द
जो आक ने हमें सिखाए हैं!
हम तोते नहीं हैं उड़ने वाले
पर कतरे हुए हैं हमारे।
हम आदी हैं पिंजड़ों के,
दाना पानी के मोहताज हैं।

हम ज़िंदा तो हैं...
पर मरे हुए सरताज हैं!
आज़ादी और ग़ुलामी में
है यही बस अंतर...
ग़ुलामी में हम ज़िंदा हैं
पर मरे हुए हैं अंदर।
आज़ादी में मर कर भी
ज़िंदा हैं हम बाहर!

27. राही

मैं आईना देखता नहीं,
मेरा अक्स मुझे डराता है।
यह पथ ही मेरा साक्षी है
और है मेरा सहचर भी...

मेरे मन के आकाश में कभी उड़तीं
सपनों की रंग बिरंगे पतंगें थीं।
पता ही नहीं चला कब इतनी ऊँची उठीं कि ज़मीं पर
आ गिरी

मैं बढ़ जाता हूँ इस पथ पर आगे
पीछे मुड़कर देखता नहीं।
अपने पीछे छोड़े जाता हूँ अपने क़दमों के निशां...
जिन्हें बस समय ही पहचानता है।

28. कच्ची पगडंडियाँ

कच्ची पगडंडियों पर चलते हुए
तपती दोपहरी में कभी हम
दरख़्तों के साए में बैठा करते थे।

अब पगडंडियाँ रहीं नहीं
और हम कहीं गुम हो गए हैं।
सड़कें सब पक्की हो गयी हैं...
हम आधुनिक जो हो गए हैं...!

तपती दोपहरी में पक्की सड़क
आईने की तरह चमकती है।
वाहनों की कतारें
चींटियों की तरह रेंगती हैं...
दरख़्तों की अब ज़रूरत रही नहीं
दरख़्तों की जगह
अब होर्डिंग जो लग गए हैं।

29. अकेलापन

चलते हैं हम अकेले अनजान राहों पर
काँटों से जूझते फूलों की तलाश में...
पतंगों से उड़ते हैं अहम् के आकाश में
बेख़बर इससे कि डोर है समय के हाथ में..

हम भले ही सो जाएँ पर समय जागता रहता है
हमारे सोने का सारा सच वह जानता है...
करवट लेता है समय जब जाग जाते हैं हम
अपनी ही दुनिया में तब अकेले रह जाते हैं हम...

आँसू आँखों में न जाने कहाँ छुपे रहते हैं
बेमौसम बरसात की तरह बरस जाते हैं
लुढ़कते हैं चेहरे की ढलानों पर और निशां छोड़ जाते हैं
रेत में जलाशय की तरह दिल को सुखा जाते हैं...

अकेलेपन की मुझे आदत सी हो गयी है
साथ चलते ज़माने से मुझे डर लगता है राहों पर
चलते राही साथ छोड़ जाते हैं...

गुज़रे हसीन पल सपने से नज़र आते हैं
अकेलापन बेहतर है ज़माने के साथ से
बाँट लेता हूँ मैं अपना दर्द अकेलेपन से...

गुंजाइश नहीं बेवफ़ाई की अकेलेपन में,
अकेलापन है मरहम बेवफ़ाई के जख्म में....

प्रकृति

30. धरती माँ

जन्म लेता है इंसान माँ के गर्भ से
और पलता है धरती माँ की गोद में।
मिलती है उसे दो माताओं की गोद;
हो जाते हैं जब हम बड़े
तो भूल जाते हैं उनके एहसान,
बो देते हैं ज़हर के बीज माताओं के गर्भ में...

माताएँ हो जाती हैं बाँझ,
आँखों में उनके उतर आता है
एक ज़लज़ला बनकर अश्रुओं का उफ़ान।
काजल आँखों का बह जाता है,
उनके फेफड़े में हवा की जगह धुआँ भर जाता है...
और हम...आँखें मूँद लेते हैं।

हमारे कान सुनते नहीं
उनका करुण क्रंदन,
तब उनकी आँखें जल उठती हैं क्रोध से,
सब कुछ जल कर ख़ाक हो जाता है।

चेतने का समय है अब!
माताओं को कर नाराज़
जी नहीं सकते हैं हम।
फिर से करें माँ की गोद हरी भरी,
अन्यथा, जो बोएँगे
वही तो काटेंगे हम....

31. प्रकृति का प्रतिशोध

सुनामी की तूफ़ानी लहरों के बीच
हिचकोले लेती संसार की नैया।
मौसम ने छेड़े विनाश के स्वर,
फूलों की सेज बनी काँटों की शैया!

पर्वत से पिघल रही सफ़ेद बर्फ़ की चादर
बढ़ रहा जलस्तर निरंतर सिंधु का।
अस्त व्यस्त हो रहा सब जनजीवन,
कम हो रहा अंतर जीवन और मृत्यु का!

सर्वत्र है प्रज्जवित अग्नि का तांडव
जल रही सदियों की अक्षुण्ण वन सम्पदा।
भट्टी सा तपत हुआ शरीर गर्म हवा के झोकों से,
बिदा हुई मुस्कान, धुआँ बनी आपदा!

लुप्त हो रहे हैं वन और मृत हैं वनप्राणी
सूख गए जलाशय और भाप बन उड़ गया पानी।
दिखते सर्वत्र कंकाल जीवों के,
कहर ढाते वायरस, होते टीके बेईमानी!

होती है प्रतिध्वनि अपनी ही आवाज़ की...
बोये हैं जो हमने काँटे, तो फूल हम कैसे पाएँगे?
कुछ तो कारण होता ही है सामने आए परिणाम का...
प्रतिशोध है ये प्रकृति का,
बात है यही रिवाज़ की!

32. चाँद

शीतलता चाँद की महसूस की है हमने,
पर इसकी तपिश का मर्म किसने जाना है?
जब रिसने लगता है अन्दर का खालीपन,
नाग बनकर डसता है बिछोह का अकेलापन,
जताकर प्यार कोई अपना,
दिल के ज़ख्म कुरेदे जाता है, और
जीने मरने का फ़र्क मिट जाता है,
तब,
आग का गोला बन चाँद
तपिश बरसाता है!

जो पीते हैं विष निरन्तर, वे
नीलकंठ कहलाते हैं!
चाँद है सिरमौर जिनके,
वे अंजुरी में समेट चाँदनी को
जग पर ही लुटाते हैं...
वे ही शिव कहलाते हैं!

33. धुएँ का शहर

मेरा शहर अब दिखता नहीं
धुएँ में समा चुका है।
हमारी साँसों में हवा नहीं
धुआँ घुल चुका है।

पता नहीं कब
हरे भरे पत्ते झड़ गए सूख कर
मुरझा गए फूलों के चेहरे
अँधेरा निगल गया सूरज की रौशनी
सितारे चमकते नहीं आकाश में
न ही जुगनू टिमटिमाते हैं रात में...

सुबह के धुंधलके में,
सुनसान सड़कों पर
कोई साया सा नज़र आता है
मगर उसका चेहरा ढका हुआ है...
क्योंकि, उस पर मास्क लगा हुआ है।
हवा तो नथुनों में जाती नहीं...
धुएँ को जो रोक रखा है!

34. एहसान

धूप, गर्मी, बरसात और ठण्ड सहते
सदियों से खड़े पहाड़ से हमने पूछा,
"तुम इतने कष्ट सहते क्यों खड़े हो?"
तो पर्वत ने कहा,
"ताकि तुम ज़िंदा रह सको!"

सदियों से बहती नदी से हमने पूछा,
"थोड़ा आराम कर लो तुम पत्थरों से टकराते क्यों बह रही हो?"
तो नदी ने कहा,
"आराम मेरे नसीब में कहाँ?
बहना मेरी नियति है
और लक्ष्य मेरा समुद्र से मिलना
पत्थर मुझे रोकते नहीं
प्रेरणा देते हैं आगे बढ़ने की
सिखाते हैं जीने की कला!"

धरती के गर्भ में पसरे
एक बड़े वृक्ष से हमने पूछा,
"तुम बाहें पसारे क्यों खड़े हो?"

तो वृक्ष ने कहा,
“ताकि तुम कुछ पल आराम कर सको
मेरी बाँहों में
साँस ले सको खुली हवा में!”
यह है प्रकृति का मानव पर एहसान!

बन बैठे हम कालिदास
और काट रहे उसी शाखा को
जिस पर बैठे हैं हम
खुद लिए अपनी जान!

जीवन का सार

35. जीवन का सार

गहरे सागर के तट पर
चमकती सुनहरी रेत पर
रेत के महल हम बनाते रहे...
सपने हसीन सजाते रहे।
अठखेलियाँ करतीं सागर की लहरें,
गिराती रहीं रेत के महल...
समय की लहरों के साथ
आगे बढ़ती जीवन की नौका
तलाशती रही किनारा...

अँधेरे में हम उजाले तलाश करते रहे
इस बात से बेख़बर कि उजाले हैं अंदर
अमावस्या की अँधेरी रात में भटकते रहे
चमकते जुगनुओं को नकारते रहे...
बसंत में आह्लादित हुए
पतझड़ में निराश
सूर्योदय से प्रसन्न हुए,
सूर्यास्त से हुए उदास...
मृग बन हम जग खंगालते रहे

गहरे सागर में तट तलाशते रहे...
सूरजमुखी और कमल के फूल हैं हम
बरसते मेघ में नाचते मयूर हैं हम...

राहें लम्बी ही सही,
पर क़दम पड़ें 'गर सही
तो,
हर पल बन जाता है खुशगवार।
स्वीकार करें हम सुख और दुख
यही है जीवन का सारा सार!

36. काँटों की सेज

ओस की बूँदें जो सीप में गिरीं
वे मोती बन गयीं,
समुद्र में उठी उद्दाम लहरें
समुद्र में विलीन हो गयीं।
दूर धरती और आकाश एक हो गए
विधाता से हम कितने दूर हो गए...!

तपती धरती के मूक निवेदन पर
उमड़ घुमड़ कर मेघ बरसते रहे,
उपवन में खिले मधुर पुष्प
तरुणी की माँग में सजते रहे।
सुबह के धुंधलके में
पक्षियों के कलरव में,
सपने सब मौन हो गए
विधाता से हम कितने दूर हो गए...!

सरिता बहती रही अनवरत गंतव्य की ओर
राहों में पड़े पत्थर टकराते रहे,
छोड़ नैया संग धार के

पतवार बन तट हम तलाशते रहे।
लहरों संग सब सहज ही तट हो गए
विधाता से हम कितने दूर हो गए...!

दीप की लौ पर
पतंगों ने प्राण तजे,
रात्रि के अवसान पर
सुबह के फूल खिले।
शैय्या प्रेम की काँटों की सेज हो गए
विधाता से हम कितने दूर हो गए...!

37. मन

छिटकी पड़ी है बाहर चाँदनी
लौ दीप की भीतर जल रही
धरती पर पड़े बीज में कोई
आत्मा वृक्ष की पल रही!

कीचड़ में खिला कमल कोई
आकाश में उगा इंद्रधनुषी रंग
सुगंध गुलाब में रची बसी
पर पलते काँटे गुलाब के संग!

वन, वृक्ष, धरती, पर्वत, आकाश
कण कण में स्रष्टा का वास
ढल रही उम्र, कामना हुई शिथिल
बँधी साँस की डोर से जीवन की आस!

प्रलोभनों का स्वर्ण मृग
निरंतर मन को लुभा रहा
मद मदिरा का पान कर
मन शूल चुभा रहा!

कूक कोयल की हुई मौन
मन के कोलाहल में
शिव हुए महादेव
छिपा अमरत्व हलाहल में!

स्वप्न बुन रहें स्नेहिल नयन
आराध्य हो कृष्ण मीरा भजन
रासलीला करें कृष्ण जग उपवन में
गूँजे बांसुरी स्वर मन मधुबन में

धूप छाँव सी बीहड़ जगत डगर
कटता सपनों संग कठिन सफ़र
सरल हो यात्रा प्रभु के संग
सिद्ध हो काम मन में उमंग!

38. हार और जीत

गर्व की चारदीवारी में क़ैद हैं हम
बाँट रखा है हमने अखंड आकाश।
बन बैठे हैं रावण स्वर्ण महल में
लंका दहन को उद्दत है कोई हनुमान।

जीत की दौड़ में हारे कई बाज़ी
पर चाह नहीं छोड़ी जीत की।
विफल हो कर भी प्रीत में
आस न छोड़ी मीत की।

बाँट दिए हमने ऊपर वाले के घर
बना कर मंदिर, मस्जिद और गिरजाघर।
यही नहीं, बदल दिया दुआ का स्वरुप
कहीं प्रार्थना तो कहीं अज़ान का रूप।

चुन लिया हमने अमावस का अंधकार
कर लिया सूर्यग्रहण स्वीकार।
पत्थरों को पूजते भगवान जानकर
और इंसानों को कर दिया दरकिनार।

आत्मा बिक गयी अरमानों के बाज़ार में
जीत की ख़ुशी मिली आत्मा की हार में।
कुछ न पा सका सब कुछ पाकर
क्या मिला तुझे रिश्तों को खोकर।

पथिक बन चला सुनसान राहों पर
हमराही कुछ साथ चले कुछ पीछे छूटे। थककर हम
पड़े बेसुध लम्बी राहों में
जीत कर भी हम हारे जीवन रण में।

39. जीवन की राह

गंगा के तट पर बैठा मैं,
पत्त्थरों के बीच बहती गंगा की धाराओं को देख़ता रहा, और
निरंतर प्रवाह की कला
सीखता रहा।

लहरों के बीच पत्थर पड़े रहे
और धाराएँ अपना मार्ग बनातीं रहीं।
हम जो रुक गए तो पत्थरों का क्या दोष..?
हम ही राह न बना पाए
यह जानता रहा।

कोशिश कर बादल थक गए
पर सूरज को छिपा न पाए,
तीव्र प्रकाश लिए सूरज निकल पड़े
अपने गंतव्य की ओर।
आकाश की ऊँचाई देख
पंछी थके नहीं,
पंख फैलाये उड़ पड़े
अनंत आकाश की ओर।

क़दम जो बढ़े,
रुके नहीं
पत्थर से ठोकर लाख लगे।
पत्थर उन क़दमों को रोक ना पाते
जो बढ़ते आगे मंज़िल की ओर!

40. ख़्वाहिश

ज़िंदगी में हर ख़्वाहिश पूरी नहीं होती
लम्हा लम्हा ज़िंदगी गुज़रती जाती है...
बेहतर है कोई और ख़्वाहिश चुन लेना
ज़िंदगी मायूसी में बितायी नहीं जाती है..!

मुक़द्दर का खेल है
दिल का जुड़ना और टूटना,
फिर भी उम्मीद की किरण
ठुकराई नहीं जाती है...
अँधेरों और उजालों का नाम है ज़िंदगी
अँधेरों से आँखें यूँ चुराई नहीं जातीं
हैं..!

सितारे जमीं पर उतर आएँ,
यह मुमकिन तो नहीं
आँसुओं की दौलत
हर ग़म पर लुटायी नहीं जाती है...
ईश्क करना है तो रब से कर

दिल की कश्ती
यूँ डुबोयी नहीं जाती
है..!

41. पूर्णविराम

मैं बादल बन बिचरूँ
नील गगन में।
बन बूँद गिरूँ
प्यासी धरती पर।
मैं पीली सरसों बन
धरती का परिधान बनूँ।
बन धारा
मैं बहूँ निरन्तर।

बढ़ती रहूँ
नियति की ओर।
मैं ना बनूँ
प्रश्न चिन्ह कोई।
मैं बनूँ
तो बस
पूर्णविराम बनूँ...।

42. ख़ुशी और ग़म

ख़ुशी और ग़म हैं
एक ही सिक्के के
दो पहलू...
उछाला है समय ने उन्हें,
आते हैं कभी चित, तो कभी पट...

सीप में मोती हो
ज़रूरी तो नहीं।
जो मिल जाए तो ख़ुशी,
और न मिले तो ग़म..?

काँटे भी होते हैं गुलाब में,
कैक्टस भी बनते हैं शोभा गुलदान में।

रात के गर्भ में छिपी है कोई भोर,
टिमटिमाते हैं दिवाली के दीये
अमावस्या की काली रात में...

कई हाथ बढ़ते हैं
आँसू पोछने के लिए
और मुस्कान बन जाता है
चेहरे का नूर।

रेत ही रेत है मरुभूमि के पास,
अतृप्त है सदियों से प्यास।
बुझती नहीं जो सागर के जल से,
नदी ही बुझा पाती है वो प्यास।

जीत में वो ख़ुशी मिल न सकी
जो मिली है हार में।
ख़ुशी में निकल पड़े हैं आँसू
और मुस्कुरा उठे हैं ग़म में...

ज़िंदगी ने बना दिया है पतंग
कभी जा ऊँचे टँगे आकाश पर,
कभी उलझ गए धागे के संग
और आ गिरे ज़मीन पर...

हक़ीक़त

43. सोन चिरैया

एक नन्ही सी सोन चिरैया
फुदकती रहती डाल डाल पर
कभी इस डाल पर,
कभी उस डाल पर,
अपनी नियति से अनजान
बुनती सपनों का संसार
हो हवा के हिंडोले पर सवार।

नन्हे परों की पालकी में
डोलती आज़ादी के नशे में,
फूलों के उपवन में
निहारती रंग बिरंगी तितलियाँ,
और कानों में मधुर संगीत घोलती
झूलों पर बच्चों की किलकारियाँ,
आकाश को जब तब निहारती
और करती बूंदों का इंतज़ार।

नियति के चक्र ने चली क्रूर चाल...
एक बहेलिए की पड़ी उस पर नज़र

और आँखों में कौंध गयी
पाश्विकता की चमक।

भाँप गयी सोन चिरैया
बहेलिए की पाश्विकता;
याद आयी उसे माँ की सीख,
बहेलिए से बचने की तरक़ीब...
नन्हे परों से उड़ी सोन चिरैया
और बहेलिए की आँख पर मारी चोंच!
एक पल को हतप्रभ रह गया बहेलिया
चुभती आँखें लिए खड़ा रहा मौन।
सूर्य पश्चिम में अस्त होता रहा,
सोन चिरैया की आँखों से
साहस का उजाला फूटता रहा!

कितने भी हों वहशी बहेलिए
हिम्मत की हो ढाल जो साथ
तो बहेलियों की फूटती है आँख!

44. युद्ध

युद्ध का बीज
पनपता है मन की भूमि पर,
जहाँ सींचती है उसे नफ़रत
और वह नरभक्षी पेड़ बन जाता है।
जड़ें जिसकी बैठ जाती हैं
मन के बहुत भीतर
और रक्त उसकी प्यास बुझाता है!

जब युद्ध घर तक पहुँच जाता है
और बातचीत के दरवाजे हो जाते हैं बंद, तब युद्ध
दरवाज़े पर देता है दस्तक
और करता है उनके खुलने का इंतज़ार।

पर जब खुलते नहीं दरवाज़े
तब युद्ध आग की तरह फैल जाता है और शहर
शमशान बन जाता है!

युद्ध की बिसात पर
मोहरे लगते हैं दाँव पर;
शह और मात के खेल में

जीता कोई नहीं,
बस आती सबके हाथ हार है।
बाहर चाहे कोई जश्न हो
पर मन के अन्दर हाहाकार है!

कुछ मरे हुए लोग
यहाँ ऊपर चले गए,
कुछ मरे हुए लोग
ज़िंदा हैं अभी भी,
कुछ की पथरा गयीं हैं आँखें
मरे हुए लोगों के इंतज़ार में।
कुछ हुए काल कवलित
प्रकृति के कोप से,
युद्ध का आगाज़ ही
संकेत है प्रलय का,
आरम्भ तो है जिसका
पर अन्त नहीं है कोई इसका।

युद्ध कोई भी हो...
मन के भीतर हो या हो बाहर,
हम पल पल मरते जाते हैं
ज़िंदा रहने के लिए...!

45. दिल दरिया

मेरा दिल कोई शीशा नहीं है
जो कोई पत्थर मारे और टूट जाए।
मेरा दिल तो एक दरिया है
जिसकी कोई थाह नहीं;
कोई पत्थर इसमें तैरता नहीं
वह डूब जाता है!

मेरे ज़हन में
मेरे यार की एक तस्वीर है
जिससे मिलने की आरज़ू में
बहा जा रहा हूँ मैं....

46. पुरुष और प्रकृति

मैं प्रकृति हूँ,
पुरुष की चिरसंगिनी।
मैं परिवर्तनशील हूँ,
और पुरुष है नित्य ही।

मैं बसंत हूँ,
पतझड़ भी हूँ मैं ही।
मैं पर्वत हूँ,
और झरने का स्रोत भी हूँ मैं ही!

मैंने गढ़ा है मानव को,
उसके उत्थान पतन की
जननी हूँ मैं ही।
मेरे गर्भ में चंदन है
और चंदन से लिपटे रहते हैं भुजंग।
शिव का श्रृंगार हैं...
शीतल चंदन और भुजंग।

शिव हैं काल,
आधार हूँ मैं ही!

अमृत और विष की जननी हूँ मैं
इनके चयन में मेरा कोई हाथ नहीं।
कोई शिव है
तो कोई रावण है,
कोई योगी है
तो कोई भोगी है।
पुरुष है नित्य
एक मूकदर्शक।
मैं फलदायिनी हूँ,
जन्म मरण के नियम से बंधी हुई।
शिव हैं मेरे आराध्य,
मैं हूँ उनकी सहचरी!

मैं ही मुक्ति की सीढ़ी हूँ
मुझको शिव से अलग न जानो,
अपनी ऊर्जा को पहचानो
मेरी शरण में आ जाओ...

मैं ले जाऊँगी
स्थूल से सूक्ष्म की ओर तुमको...
मुक्ति का मार्ग मैं दिखाऊँगी
जन्म मरण के चक्र से तुमको
मैं छुड़ाऊँगी...!

47. कलम की ताक़त

मेरी कलम की स्याही से
तुम्हारा ज़मीर जगे शायद
बेकसूर इंसानों के क़त्ल से
तुम्हें भी मायूसी हो शायद ।

मैंने कोई गुनाह नहीं किया
मैंने तो पेशकश की अमन चैन की
और ख़ुदा का पैग़ाम दिया...
फिर तुम्हारे ख़ून में उबाल क्यों आया?

मरने से मुझे कोई ख़ौफ़ नहीं,
पर मेरी कलम तब तक चलेगी
जब तक इसमें स्याही है, या
मुझमें जान है और ख़ुदा का ईमान है।

तुम्हारी गोली
जिस्म को कब्र में सुला सकती है
पर आज़ाद रहेगी मेरी रूह
रूहों का यही पैग़ाम है।

क़त्ल करने वालों का
कोई ईमान नहीं होता,
जो अमन चैन की बात न करे
वह इंसान नहीं होता।

ख़ौफ में जीना कोई जीना है
इससे तो मौत ही बेहतर है।
ज़मीर मार कर जीना है सज़ा
इससे तो मौत ही बेहतर है!

अमन चैन चाहने वालों
आज तुम्हारा इम्तेहान है!!!

48. आईना

आईने ने कहा,
"तुम बहुत बदसूरत हो!"

'मगर मैं तो खूबसूरत हूँ।'

"यह तो तुम देखते हो।
तुम क्या हो, अपने दिल से पूछो!"

'मगर मेरे पास तो दिल ही नहीं है।"

"तो तुम ज़िंदा कैसे हो?"

'मगर मैं ज़िंदा कहाँ हूँ?'

जीने के लिए ज़िंदा होना
कोई ज़रूरी तो नहीं...?

सब कुछ तो मेरे पास है पर
सुकून नहीं।

दौलत के नशे का हर वक़्त बस
जुनून है।

ज़िंदगी हुई प्यासी धरती
रूठ गया है मानसून।
ज़िंदगी के लिफ़ाफ़ों में
बंद है हसरतों का मजमून।

हम जो बोते हैं वही काटते हैं,
ख़ुदा का यही है कानून
फ़ना हुए सारे रिश्ते नाते
अपना न रहा अपना खून!

49. साँप और सीढ़ी

इस जंगल में
विषैले साँप रहते हैं
काटना
जिनका स्वभाव है।
ये बस उन्हें नहीं काटते
जो इन्हें वश में रखते हैं
ऐसे ही कुछ लोगों को
सपेरा कहते हैं।

सीढ़ी से ऊपर चढ़नेवालों को
ये काट कर नीचे गिरा देते हैं।
स्वाभाव है इनका काट लेना
और सीढ़ी चढ़ना हमारा है...

साँप से डरकर हम
सीढ़ी चढ़ना नहीं छोड़ेंगे
सपेरा बन
इन्हें वश में हम करेंगे।

साम सर्पों में काम नहीं आता
दाम उन्हें अपना बना नहीं सकता...
दंड और भेद उपचार है इनके
जो तोड़ देते हैं विषैले दांत इनके...
काटना भले ही इनका स्वभाव हो
इनके विष में असर नहीं होता।

एक और बात है,
सब साँप विषैले नहीं होते
शक्ल से केवल भयानक लगते हैं
जो लोग साँप की नस्ल पहचानते हैं
वे इनसे डरते नहीं
धमकाने से ही ये रास्ता छोड़ देते हैं।

आस्तीन के साँप सबसे विषैले होते हैं
इनके काटे का कोई इलाज़ नहीं होता
बेहतर है इन पर निगाह रखना।

अब सीढ़ी चढ़ना है तो साँप मिलेंगे ही
इनके फन कुचलना ही जीत है।
दुश्मन सिर न उठा सके
यही जीत की रीत है।

50. घोंसला

चिड़िया ने तिनका तिनका चुनकर
पेड़ पर एक घोंसला बनाया,
अपने नन्हे नन्हे बच्चों को
इसने बोलना उन्हें सिखाया।
खुली हवा में साँस लेते
गीत मधुर राग का गाते,
ना जाने तभी किधर से
एक बहेलिया उधर को आया,
चिड़ियों का मधुर राग
जिसे कदापि न भाया।
बहेलिया ने बच्चों को बाहर निकाला
और लोहे के पिंजड़े में डाला।

एक बड़े घर की वे शोभा बन गए
दाना पानी उन्हें पिजरे में मिल गए।
बस, आज़ादी उनकी छिन गयी
कंठ में उनके गीत रुँध गए।

रुँधे कंठ जो गीत गाए
व्यर्थ न गई उनकी पुकार,
रख न सके पिंजरे कैद उन्हें
खुले पिंजरे वे हुए आज़ाद।

कंठ खुले,
पंख खुले,
गाए ख़ुशी के गीत उन्होंने
और छू लिया आकाश!

51. कर्म और भाग्य

भाग्य,
बनता है कर्म से !

हाथों की उँगलियाँ बराबर नहीं होतीं,
न ही हथेलियों की रेखाएँ एक होतीं हैं;
कर्म से बनतीं हथेलियों की रेखाएँ,
रेखाएँ भाग्य नहीं बनतीं।

कुछ लोग रेखाओं को दोष देते हैं
और हाथ पर हाथ धरे बैठे रहते हैं;
उनकी न तो बदलती हैं रेखाएँ,
न ही किस्मत बदलती है।

मिट्टी से बनती वो मूरत है
जिसके दर पर सजदे हम करते हैं;
जंगल में खिलते हैं धतूरे
जो शिवलिंग पर चढ़ते हैं।

उन हाथों में जादू होता है
जो मूर्तियों को गढ़ते हैं;
संसार के आश्चर्य यही हाथ
बातों बातों में रचते हैं!

विधाता ने हाथ दिए हैं,
भाग्य सँवारने के लिए;
और दिए हैं सबल पग
राहों पर चलने के लिए।

हम बने नहीं
रुकने के लिए;
गति मिली है
जीवन जीने के लिए...!

52. यह कैसी आज़ादी?

आज दिल बहुत उदास है
आज़ादी की तलाश है
कहीं गुम हो गयी भारत माता
उनसे मिलने की आस है...

दीप जलने से पहले बुझ गयी
बहनों की आबरू लुट गयी
आस्था की जल गयी होली
रह गयी मिलन की प्यास है,
आज दिल बहुत उदास है
आज़ादी की तलाश है...

इंसान क़ुर्बान हो गए कुर्सी के खेल में
सत्ता से उलझे जो वो डाले गए जेल में
आसमान में उड़ते पक्षी
सैयादों को आते नहीं रास हैं,
आज दिल बहुत उदास है
आज़ादी की तलाश है...

हसरतें दिल ही दिल में रह गयीं
सपने हक़ीक़तों में ढह गए
कौमी नफ़रतों की भीड़ में
खो गयी रिश्तों की मिठास है,
आज दिल बहुत उदास है
आज़ादी की तलाश है...

हर मज़हब इस देश की शान है
वतन पर फ़िदा हर जान है
मंज़िल पर बढ़ चले क़दम
जब तक साँस में साँस है,
आज दिल बहुत उदास है
आज़ादी की तलाश है....

53. पक्षी

पक्षी इंसान से बेहतर हैं,
बिना भेद भाव के रहते हैं।
खुले गगन में उड़ते हैं,
ज़मीन पर दाना चुगते हैं।

पक्षियों के रंग अनेक हैं,
फिर भी भाषा एक है।
न जात है न पात है,
रहते मिलजुल कर सब साथ हैं।

धरती ने बिछा दिए हैं सरसों के दाने।
सरोवर देता है जल प्यास बुझाने।
सूर्य की उर्जा और आकाश की छत
है सबके लिए एक सहारे।

न हुए कभी दंगे धर्म के नाम पर,
न सूनी हुई किसी माँ की गोद।
उनके लिए कोई फ़र्क नहीं,
चाहे मन्दिर हो चाहे हो मस्जिद
बेखौफ़ बैठते हैं किसी भी मुंडेर पर...

काश आदमी की फ़ितरत ऐसी होती
कि कहला सकते हम इंसान।
रहते मिलजुल कर चिड़ियों की तरह,
सूनी न होती किसी माँ की गोद।

खून से रंगती नहीं जमीं,
विकास न होता इतना गौण।
न होते रास्ते बंद प्रगति के
पराया हो गए अपने...
बदल गए खून के मायने।

जब चलती है कहीं गोली कोई,
नाम किसी का नहीं लिखा होता।
कोई दीपक होगा या होगा असलम,
दंगे से कोई सरोकार नहीं होता।

बंद करो यह खून की होली,
और सेकनी सत्ता की रोटी।
आज मानवता शर्मसार हुई तो,
माफ़ नहीं करेगी भारत की मिट्टी।

54. हिंसा का खेल

बन्दूक से गोली न निकले,
निकले पिचकारी से रंग।
कोई शक्स का शव न निकले
ख़त्म हो नफ़रत की जंग।

अरे, कौन हो तुम?
किसको मारते हो?
ख़ुदा के बंदे हो तुम,
ख़ुदा को मारते हो तुम?

भगवान और अल्लाह में फ़र्क
मज़हब नहीं सिखाता है।
मरने के बाद यकीनन
इंसानियत ही साथ जाता है।

कुर्सी न देगी साथ
इंसानियत शर्मशार कर के।
ख़ुद ही गुनहगार होगे
दंगे में धार कर के।

राम की राह पर चला जो बापू
राम राम कह चला गया।
आज रहा बस राम का नाम
न जाने बापू कहाँ चला गया?

55. भारत की नारी

माँ भारती की नारी हूँ
सब पुरुषों पर भारी हूँ।
बाधाएँ चाहे कितनी हों
समय से मैं नहीं हारी हूँ।

पुरुष संग क़दम मिलाती हूँ
बहुआयामी जीवन बिताती हूँ।
आँखों में आँसू आते हैं
पर हर हाल में मुस्काती हूँ।

माँ बन जीवन देती हूँ
स्त्री बन प्रेम संजोती हूँ।
काँटों की राह भले ही हो
फूलों की सेज पे सोती हूँ।

भोग की मैं वस्तु नहीं
खेलने की मैं जन्तु नहीं।
मैं नारी पाँवों की धूल नहीं
हृदय में चुभता शूल नहीं।
विधाता की रची कोई भूल नहीं।

नाश की मैं देवी हूँ,
त्याग की प्रतिमूर्ति हूँ।
मैं माँ भी हूँ, और
फूलों में बसती खुशबू भी हूँ।

घर के आँगन में खेली बढ़ी
आज लांघ चली देहरी हूँ।
कभी पुरुषों की जूती बनी थी
आज बन चली सहकर्मी हूँ।

56. एहसास

ज़िंदगी में कई बार
उम्र का पानी
बहने लगता है
खतरे के निशान के बहुत करीब,
लगता है कि अब पार हुआ
कि तब पार हुआ।
पर वक़्त जैसे ठहर जाता है और
पानी खतरे के निशान पर
रुक सा जाता है।
छँटने लगते हैं कष्ट के बादल,
और थम जाती है वक़्त की बरसात,
पानी लगता है उतरने
खतरे के निशान से,
और ज़िंदगी लौट आती है पटरी पर...

ऐसा होता है ज़िंदगी में कई बार।
एक बुरा सपना समझकर भूल जाते हैं हम,
जब तक वक़्त बता नहीं जाता
हमें हमारी औकात!

एक बार फिर आता है
वक़्त का जलजला
और डगमगाने लगती है
ज़िंदगी की नाँव।
भंवर में समाने को तत्पर
हो उठती है अपनी नाँव,
पर अचानक कोई हाथ आकर
बन जाता है इसकी पतवार।

खुलती है जब मेरी आँख
तो मैं पड़ा होता हूँ
किनारे पर
बेसुध और निढाल...
कितना सुखद एहसास है...
मौत के शिकंजे से
वापस लौटना!

57. पल

जीवन के हर पल
होते हैं समुद्र की लहरों की तरह।
छिपे होते है
निरन्तर गतिमान समय के
अथाह सागर में,
और,
आते जाते रहते हैं...

पल करते हैं कभी मायूस
और कभी आह्लादित कर जाते हैं।
हर पल दिखते हैं एक जैसे
पर होते नहीं एक दूजे की तरह!

कुछ करते हैं काम मरहम का
कुछ बन जाते हैं घाव नासूर।
कुछ तपती धूप में करते हैं
काम बारिश का,
और कुछ बहा ले जाते हैं संग अपने
सब कुछ बाढ़ की तरह!

कुछ चुभते रहते हैं
काँटों की तरह
और कुछ गुदगुदाते रहते हैं
फूलों की तरह!

पल फिसल जाते हैं
हाथ से रेत की तरह।
दीवार पर टंग जाते हैं
एक तस्वीर की तरह, और
दिवंगत हो जाते हैं
तस्वीर पर चढ़ी माला की तरह।
पल बरसते हैं आँसुओं की तरह,
और चमकते हैं मोतियों की तरह...।

58. सोने की चिड़िया

बुज़ुर्गों से सुनी है कहानी
एक सोने की चिड़िया की,
सौंप दिया था जिसको हमने
विदेशियों के हाथों में।
आज़ाद चिड़िया के परों को नोचा गया
उसकी साँसों को क़ैद किया गया
ग़ुलामी की ज़ंजीरों में
जकड़ा गया!

आज दिखती नहीं
सोने की चिड़िया कहीं।
बंद है वो महाजनों की चारदिवारी में
देश के चौकिदारों ने दिया है जिन्हें
उसे उपहार में;
और बाकी घर हैं सोने की चिड़िया
की वापसी के इंतज़ार में!

59. फूल और काँटे

मेरे गमले में कैक्टस के पेड़ भी हैं
और काँटों के बीच गुलाब भी...

मैं प्यार करता हूँ
काँटे और गुलाब दोनों से।
क्योंकि मालिक ने ही बनाये हैं दोनों,
तो किससे करूँ मैं नफ़रत
और किससे करूँ मैं प्यार?

कुछ भी नहीं यहाँ निरर्थक
व्यर्थ है मन का संशय।
काँटों की न हो चुभन
तो फूलों से भी न हो लगाव!

पतझड़ का न हो मौसम
तो बसंत का भी न हो एहसास।
रात्रि की न हो कालिमा
तो सूरज का भी न हो प्रकाश!

यह सब तो खेल है उसका
जिसने बनाये हैं दिन और रात।
एक नाटक ही तो है जीवन,
जिसके कुछ पल चुभते हैं
और कुछ पल गुदगुदाते हैं!

60. अन्नदाता

पसीने बहे जिनके खेतों में
लहू ने जिनके सींचे नींव महलों के,
नथुनों में जिनके घुला है धुआँ
न मिली उन्हें रोटी,
न मिली उन्हें छत;
मिलीं हैं बस उन्हें
साँसें उखड़ती हुई
और कोरे आश्वासन...

उन्हें कुछ भी कहो
अन्नदाता
या
प्रगति के सूत्रधार।
सच तो यह है कि
हम हैं उनके
कर्ज़दार!

www.ingramcontent.com/pod-product-compliance
Lightning Source LLC
LaVergne TN
LVHW092315160826
845684LV00041B/20

* 9 7 9 8 8 9 4 1 5 7 9 2 4 *